AF360270

MÉMOIRE

POUR

Le Sr. GEORGES MATHIEU, Chauffe-
cire & Porte-coffre de la Chancellerie
établie près le Conseil Souverain d'Alsace,
au nom & comme poursuivant les droits
de Marie-Elisabeth Fiess, sa femme,
Appellant ;

CONTRE

MATHIAS HUG, Bourgeois-Cordonnier de la ville de Colmar, Intimé.

MES CONCLUSIONS tendent à ce qu'il plaise au Conseil,
prononçant sur l'Appel, mettre l'Appellation & ce dont est
appel au néant, émendant, faisant droit sur la demande for-
mée en premiere Instance, condamner l'Intimé à me livrer, au
nom que j'agis, la succession tant mobiliaire qu'immobiliaire de

A

feue Anne-Marie Fiefs, ma belle-fœur, au contenu d'un bon &
loyal Inventaire, qui fera dreffé par-devant la Commiffion des
tutelles de cette Ville de Colmar, & qu'il fera tenu d'affirmer
véritable ; à la reftitution des fruits depuis le decès de ladite
Anne-Marie Fiefs ; favoir le produit des fonds à dire d'Ex-
perts, dont les Parties conviendront par-devant tel Commiffaire
qu'il plaira au Confeil de nommer, finon qui feront par lui pris
& nommés d'office ; & le furplus fuivant la liquidation qui en
fera faite par ladite Commiffion des tutelles, & aux dépens tant
de caufe principale que d'appel : Subfidiairement ordonner que
l'Intimé me délivrera tous les immeubles de ladite fucceffion,
qui font fitués hors de la banlieue de Colmar, avec reftitution des
fruits depuis l'injufte détention d'iceux ; & le condamner pa-
reillement aux dépens tant de caufe principale que d'appel &
de l'inftance.

C'EST une expérience bien trifte qui nous apprend, qu'il
faut contraindre l'homme injufte à facrifier fon intérêt à
fon devoir. Hug avec une figure agréable, un art lucratif, une bonne conduite, un efprit d'intrigue & de com-
merce, eût pu faire un mariage plus décent, & une fortune honnête mais lente. Peu content d'avantages certains
mais tardifs, il voulut des richeffes fans délai. Il lui falloit pour cet effet un mariage lucratif, dont il fut débarraffé
au bout d'un an, en confervant pourtant le bien qu'il lui
apporteroit. Feue Anne-Marie Fiefs, ma belle-fœur, con-
venoit à fes deffeins. Le bien qu'elle refufa de lui donner
avant & durant le mariage, il fçut fe le procurer par arti-
fice. C'eft ce bien, c'eft cette fucceffion, dont la fubtilité
d'un Beau-frere m'a privé, que je réclame en Juftice. Je
demande d'abord à mes Juges, fi je ne puis être admis
à prouver, qu'après le décès de ladite Fiefs il exiftoit un
écrit en forme de Contrat de mariage, qui réfervoit les
apports refpectifs de Hug & de fa femme ? Je demande
en fecond lieu, fi contre toute attente je ne duffe point

être admis à la preuve de ce fait, je ne ferois pas au moins
héritier ab inteſtat des biens immeubles, qu'elle poſſédoit
hors de la banlieue de Colmar? Ce ſont là les queſtions, que
je ſoumets à la Juſtice & à l'équité du Tribunal ſouverain,
où l'inſtance eſt aujourd'hui liée.

F A I T.

Mathias Hug, Bourgeois-Cordonnier de cette Ville, con-
traĉta un mariage le plus contraire aux fins de cet engage-
ment avec une petite perſonne de deux pieds de haut, eſtro-
piée, contrefaite, incapable de donner de l'inclination, &
plus incapable encore de donner de la poſtérité. Qui a vu
Anne-Marie Fiefs dira l'un; des Médecins & Chirurgiens
ont certifié l'autre. Mais elle avoit beaucoup de biens-fonds;
elle avoit du numéraire & des obligations; elle pouvoit
donc faire un objet de cupidité, mais jamais de plaiſir
pour l'Intimé.

Les Parens de la Défunte lui avoient ſi bien perſuadé,
qu'un mariage lui creuſeroit ſon tombeau, qu'elle y renonça
d'abord. Auſſi tant que ſon pere fut en vie, elle n'oſa y
penſer. Elle avoit même fait part à l'Intimé de ſes motifs
d'averſion pour le mariage. Il n'en fut pas pour cela dé-
gouté. Au contraire ce ne fut qu'un attrait de plus pour
lui, & ſon empreſſement ne devint que plus ardent par
l'eſpoir de l'hériter bientôt.

Le décès du pere de ladite Fiefs donna encore plus de
feu aux deſirs de Hug. Il fit jouer de nouveaux reſſorts.
Si la conduite qu'il tint, n'a pas été diĉtée par la tendreſſe,
un politique intérêt lui a ſuffi pour la preſcrire. Il con-
noiſſoit l'appréhenſion, que ma belle-ſœur avoit pour le mariage. Il ſe mit en tête de lever cette difficulté. Pour
cet effet il apoſta une Matrone, qu'il ſçut mettre dans ſes
intérêts. Elle fut chargée de la voir. Elle lui parla ſi bien,
qu'elle la perſuada. Anne-Marie Fiefs fut ébranlée par la

promeſſe, qu’on lui fit qu’elle ſeroit heureuſe & qu’elle por-
teroit à terme. Une inclination préſente & une future fécon-
dité, quels puiſſans appas pour une perſonne du ſexe, à qui
l’on propoſe de s’établir ! L’intimé dont l’amour étoit appa-
rent & la cupidité réelle, pour mieux gagner cet avorton
de la nature humaine, fit le Généreux. Il ſe dit épris de
l’amour le plus tendre pour l’objet le plus difforme ; dif-
formité dont elle étoit elle-même ſi perſuadée, qu’elle ne
voulut pas ajouter foi à ſes paroles ; choſe rare & unique
dans le ſexe. Elle lui répétoit ſans ceſſe, qu’il ne l’épouſe-
roit que pour ſon bien ; elle avoit rencontré juſte ; mais il
étoit de l’intérêt de l’Intimé de le cacher.

Pour parvenir à ſes fins Hug lui fit les plus belles pro-
teſtations. On eût vu avec indignation un jeune homme
bienfait ſe jetter aux pieds tortus, contournés, de la perſonne la plus défigurée & la plus contrefaite de la Ville &
des environs ; lui jurer un attachement pur, déſintéreſſé
& inviolable ; lui promettre par tout ce qu’il y a de plus
ſacré, qu’il ne vouloit rien de ſon bien, qu’il préféroit les
charmes de ſon caractere & les agrémens de ſa perſonne
à toutes les richeſſes ; qu’elle pouvoit réſerver ſes apports
& faire le Contrat de mariage à ſon gré.

En effet l’Intimé commença par lui dreſſer un Inventaire de ſes apports ; de ſes biens meubles & immeubles.
Il fit venir le tonnelier pour jauger les Vins en cave & les
tonneaux vuides. Si l’amour eſt crédule, & s’il oublie ce
qui fait peur en faveur de ce qui flatte, il n’eſt pas moins
aveugle, & néglige les précautions, ou quitte aiſément celles
qu’il a priſes. C’eſt ce qui fit, que tous ces préliminaires
du Contrat de mariage furent ſuivis du mariage ſans contrat. La Défunte inſiſta cependant de nouveau ; mais tout
fut inutile. Enfin laſſée de tous ces retards, elle lui fit
entendre, qu’elle ſauroit aſſurer ſon bien à qui il appartien-
droit. Hug fut forcé de céder à la violence de l’orage.
Pour lui déférer, (car que pouvoit faire autre choſe cet
eſclave de l’argent) il rédige de ſa main & remet à ſa

femme un écrit en forme de pactions & conventions matrimoniales, portant entre autres stipulations, celle de la réserve d'apports & de la faculté à elle donnée de disposer de son bien à son gré.

Après quelques mois de mariage la malheureuse Fiefs conçut les allarmes les plus vives par la crainte, que le germe de vie, qu'elle portoit dans son sein, ne fut pour elle la cause de sa mort. Le terme de la délivrance arriva. Hug fit venir cette même Sage-femme, qui avoit assuré ma Belle-sœur, qu'elle n'auroit rien à risquer en cas de grossesse.

Qu'on ne s'attende pas, que je représente ici cette scène affreuse, où la Matrone s'empare seule de cette personne, qui mérite la commisération des ames même les plus endurcies. Son état, ses douleurs, ses sanglots, ses cris, ses convulsions, la rendent un objet digne de pitié; elle arrache des larmes, & perce le cœur à tous ceux qui par nécessité ou par charité se trouvent présens à cet horrible spectacle. Cependant ni la Matrone, ni Hug, ne pensent dans une situation aussi cruelle à demander l'assistance d'une autre Sage-femme ; à faire venir un Accoucheur ; à consulter un Médecin. A peine songent-ils à faire saigner cette victime malheureuse moins de l'amour conjugal, que de la sordide cupidité de Hug. A quoi ne conduit pas le desir effrené de s'enrichir ! Le Chirurgien juré qu'on employe avertit du danger; il demande à la Matrone l'état & la position de l'enfant. Quelle est sa réponse ? le dirai-je ? oui je le dirai non sans frémir. La pauvre Fiefs, que la nature en travail veut délivrer, lutte avec la vie ; elle lutte avec la mort où son impuissance, ses efforts inutiles, ses transports douloureux la conduisent ; & cependant la Matrone répond que tout est bien. Réponse infame ; réponse ou pleine d'ignorance ou pleine de méchanceté ; réponse cependant attestée par écrit de ce Chirurgien. La Sage-femme accompagne sa réponse d'une opération, qui suivant les Pieces jointes à l'Instance, lui fait peu d'honneur & mérite l'animadversion de la Justice.

C'eſt ainſi que Hug flatta ma Belle-ſœur, & feignit de l'aimer pour en obtenir la main & l'épouſer; il l'épouſa pour lui préparer dans le ſein du plaiſir même le trait de la mort en la rendant mere; il la rendit mere pour lui oter la vie; il lui arracha la vie, pour ravir ſes biens à ſes proches & légitimes héritiers. Quelle gradation de vues affreuſes & malheureuſement trop vraies! Il faut avoir une ame bien noire pour les concevoir; quelle doit être celle de Hug, qui les a conçues & exécutées?

L'infortunée Fiefs, ſacrifiée au devoir conjugal, trahie par l'amour le plus perfide, livrée à l'avarice la plus barbare, ſuccombe enfin à ſes maux. Elle paye le tribut à la nature & meurt ſur ſon lit vraiement lit de douleurs. Le fruit qu'on délivre, eſt déclaré livide & mort depuis quelques jours.

Après les Cérémonies funèbres d'uſage en pareil cas, il fut queſtion de la ſucceſſion. Comme le crime n'eſt pas toujours d'accord avec lui-même, & ſe dévoile ſouvent malgré lui, l'Intimé me convint en préſence de différentes perſonnes, qu'il y avoit un écrit de ſa main par lequel la Défunte avoit réſervé ſes apports. Sentant le danger qu'il y auroit pour lui de produire une pareille piece, il en perdit le ſouvenir le lendemain, & la dénia.

J'ai réclamé au Magiſtrat de Colmar la ſucceſſion de la Défunte. J'y ai ſuccombé. J'ai émis Appel de la Sentence qui m'a débouté de ma demande, & la Cauſe, liée au Conſeil, tomba dans l'appointement général.

Je prends deux ſortes de Concluſions dans cette Inſtance. Les unes ſont principales, les autres ſubſidiaires. Par les premieres je demande tout le bien de ma Belleſœur; par les ſecondes je réclame au moins ſes biens ſitués hors de la ville & banlieue de Colmar, au cas qu'on ne dût point m'adjuger mes Concluſions principales.

Premiere Partie.

Deux faits que j'offre de prouver font décififs pour me faire obtenir mes Conclufions principales. L'un de ces faits eft, que la Femme de Hug a conftamment voulu affurer fon bien à fa famille ; qu'à cette fin elle a fait eftimer avant le mariage tous fes effets, & que le Mari en a fait le récollement. L'autre eft, que pour détourner ma Belle-fœur de faire paffer le Contrat de mariage à la Chancellerie de la Ville, l'Intimé a lui-même rédigé un écrit qui exiftoit encore après le décès de fa femme. Cet écrit étoit en forme de pactions & conventions matrimoniales, portant entre autres ftipulations, celle de la réferve d'apports & de la faculté donnée à ma Belle-fœur de difpofer de fon bien à fa volonté ; cet écrit, l'Intimé l'a remis à la Défunte ; cet écrit, fi on ne le trouve plus aujourd'hui, c'eft le mari qui l'a fupprimé. J'efpere de la Juftice du Confeil, qu'il voudra bien m'admettre à la preuve de faits auffi relevans. La défenfe de faire preuve par Témoins ne peut avoir lieu, lorfqu'il s'agit de récélé de pieces. Cette prohibition ne regarde que les conventions ; elle ne concerne pas les faits.

L'Intimé fe donne toutes les peines pour écarter la preuve des deux faits que je pofe. Suivant lui le premier de ces faits eft inutile pour la décifion de l'Inftance ; les frais de l'interlocutoire tomberoient en pure perte. Mais cette attention de la Défunte à faire eftimer tous les effets à lui appartenans ne dénote-elle pas qu'elle étoit intentionnée à n'en pas faire don à l'Intimé ? Elle ne vouloit pas que fes apports fuffent inconnus ; elle vouloit qu'ils fuffent conftatés ; elle vouloit que leurs efpeces fuffent claffifiées ; que leur nombre fut fixé ; que leur valeur fut déterminée ; afin qu'au cas d'inexiftance d'enfans, elle ou fes héritiers puffent les reprendre en nature ou les ravoir en équivalent. Pouvoit-elle pouffer plus loin fon exactitude & mieux marquer fon intention ? Ceux qui ftipulent réferve d'apports en ont-ils jamais agi différemment ? Ce premier fait étant une fois prouvé, il reçoit une nouvelle force du fecond.

L'Intimé fe garde bien de dire, que ce fecond fait ne foit pas relevant ; mais pour en écarter la preuve il foutient qu'il n'eft pas admiffible. Pour cet effet il prétend qu'en admettre la preuve, feroit agir directement contre l'Ordonnance. Il convient cependant que la fouftraction, que je lui impute d'avoir fait du Contrat de mariage qu'il a paffé avec ma Belle-fœur, feroit un fait ; mais il avance que la preuve des faits ou de la perte des actes ne peut avoir lieu, que dans les cas d'incendie, de naufrage ou d'un malheur de cette efpece. C'eft ainfi que s'énonce une Partie intéreffée qui craint les rayons de la vérité ; mais ce n'eft pas là le langage des Loix, ni celui des Auteurs les plus accrédités, qui ont écrit avant & depuis l'Ordonnance de 1667. Les unes & les autres, dans une infinité d'occafions femblables, admettent à la preuve de la fouftraction & du récélé.

La Loi 12 au Code *de Fide inftrumentorum & amiffione eorum*, fera la premiere que je citerai ; en voici le cas. Quelqu'un a été émancipé ; on a dreffé l'Acte de fon émancipation, qui depuis s'eft perdu. Théagene demande aux Empereurs Dioclétien & Maximien, fi au défaut de cet acte qui a été perdu, il ne feroit pas permis de prouver cette émancipation par Témoins ou autrement ? Les deux Empereurs lui répondent, que rien ne peut empêcher la preuve par Témoins en cas pareil. *Emancipatione factâ, etfi actorum tenor non exiftat, fi tamen aliis indubiis probationibus vel ex perfonis, vel ex inftrumentorum incorruptâ fide factam effe emancipationem probari poffit, actorum interitu veritas convelli non folet.*

La Loi 20 au Code *de Probationibus*, nous préfente un autre cas qui fert infiniment à la décifion de ce point de droit. Eutychia fouftrait l'écrit par lequel il conftoit qu'on l'avoit achetée comme efclave ; elle foutient être libre. Comme elle eft Demandereffe, c'eft à elle à faire la preuve ; mais, continue la Loi, fi elle étoit dans la quafi-poffeffion de fa liberté ; ce feroit à celui qui voudroit en être le

maître,

9

maître, à faire la preuve de fa demande, & celui-ci la feroit complette, s'il prouvoit qu'elle a fouftrait l'écrit. Voici les termes de cette Loi. *Si de poffeffione fervitutis, emptionis inftrumentis fubtractis, in libertatem proclamat Eutychia, cum petitori probationis onus incumbit, intentione fuâ defectâ, his juvari minimè poteft. Nam fi in fervitutem petatur, ad emptionis probationem non eft indiciis aliis opus, fed inftrumentorum furtum monftrare fufficit.*

On lit encore au Code *de Fide inftrumentorum & amiffione eorum, Loi 1.re*, que la perte des Actes ne fauroit préjudicier aux Créanciers : *Nec oberit tibi amiffio inftrumentorum, fi modo manifeftis probationibus eos debitores effe apparuerit.* Les Loix 7 & 10 du même titre, ne font pas moins formelles. Que doit-on conclurre de tant de Loix réunies ? Que les cas d'incendie & de naufrage ne font pas les feuls où l'on admet à la preuve teftimoniale de la perte des Actes. Querellez, fi vous voulez, ces Loix ou leur difpofition; querellez-les, fi vous ofez ; ou plutôt convenez avec moi que j'en dois jouir. Vos procédés en prouveroient la néceffité, fi elles n'exiftoient pas.

Si vous vérifiez ce que la foule des Auteurs a penfé fur cette matiere avant & depuis l'Ordonnance de 1667, vous trouverez dans tous votre condamnation ; contentons-nous d'en citer quelques-uns.

Commençons par Boiceau. Sous le mot de Perte il entend tous les cas fortuits : *Sub verbo amiffionis intelligo omnes cafus fortnitos :* Autre chofe, dit-il, feroit prouver qu'une fomme ou quantité eft dûe, autre chofe eft prouver la perte des inftrumens ou actes : les Faits peuvent fe prouver par Témoins, mais non les Conventions où il s'agit d'une fomme qui excède cent livres : *Aliud eft probare fummam aut quantitatem fibi debitam effe, aliud eft probare inftrumentorum amiffionem ; nam facta per teftes probari poffunt, non vero pacta in quibus agitur de fummâ centum libras excedente.* Boiceau, comme vous voyez, admet donc

B

la preuve teſtimoniale de la perte des Aĉtes pour tous les cas fortuits. Page 271 il va plus loin : Si cette perte, dit cet Auteur, eſt arrivée par le fait de la Partie qui l'a fouſtraite, en ce cas il fuffit de prouver ce fait fuivant la Loi *ſi de poſſeſſione Cod. de Probat.* fans être obligé d'en prouver la teneur.

BORNIER, Commentateur très-eſtimé, dit formellement : *Il faut pourtant obſerver que ſi la Partie a laiſſé perdre ſes Titres, cette Ordonnance n'exclud pas la preuve de la perte, fouſtraction ou retention des Titres.* Cette preuve dont il entend parler, ne peut être que la teſtimoniale dont il s'agit en l'article qu'il commente.

Enfin JOUSSE, autre Commentateur de l'Ordonnance, qui en a une connoiſſance ſi parfaite, comme des Principes du Droit, eſt encore très-précis ſur ce point. Je ne puis me difpenfer de rapporter ce qu'il en a écrit : *Les mauvais traitemens de mari à femme,* dit-il, *ſe prouvent par Témoins ; il en eſt de même des récélés & détournemens des effets d'une fucceſſion ou d'une Communauté.* Qu'on ne s'attende pas que je faſſe encore l'énumération des PAPON, des LE PRETRE, des CHARONDAS, des MORNAC, des BONIFACE, des SOEFVE, des BARDET, ni d'une infinité d'autres Auteurs qui ont rendu témoignage à cette vérité.

Mais pourquoi m'arrêterois-je encore à établir une doctrine que le Conſeil a confirmée par ſes Arrêts, & qui eſt ſi conſtante au Barreau qu'elle y a paſſé en maxime ? auſſi je ne me ferois pas ſi fort étendu ſur cette matiere, ſi l'Intimé n'eût fait tout ce qui étoit en ſon pouvoir pour diſſiper des notions auſſi inconteſtables.

Que devient après cela cette longue tirade de l'Intimé ſur l'inconvénient d'admettre à la preuve teſtimoniale ? Eh qui a jamais douté de cet inconvénient ! Auſſi le Légiſlateur a-t-il fixé les cas où elle devoit être rejettée ; mais jamais il n'a penſé, en la bornant, autoriſer le dol & le

crime ; c'eft cependant ce qui réfulteroit fi on refufoit indif-
tinctement la preuve par témoins. En effet, rejettez en
des circonftances pareilles à celles de l'Inftance, des faits
de cette nature ; refufez toute preuve vocale contre des
objets qui doivent être rédigés par écrit, qu'en arrivera-t-il?
les teftamens feront-ils à couvert des inconvéniens? ceux
faits en ligne directe, qui peuvent être fous feing privé,
pourront être fouftraits impunément? les Contrats de mariage feront-ils en fûreté? ceux qui n'auront pas été rédigés par perfonnes publiques, ni dépofés chez elles, pourront être fupprimés. Cette inftance en fournit un exemple.
Les Titres obligatoires, les Quittances, les autres Contrats
ou Conventions feront-ils à l'abri des larcins? Ils pourront
être enlevés & lacérés par des Cohéritiers débiteurs ou autrement intéreffés. Si donc la doctrine nouvelle de l'Intimé
pouvoit être accueillie, le dol, la fraude, la furprife marche-
roient tête levée; le plus fubtil feroit à couvert du glaive
de la Juftice & le mieux avantagé. La fortune du Citoyen
feroit la proie de la cupidité la plus adroite ; l'intérêt des
familles, la fociété, les règles de la juftice permettroient-
elles d'être fourd aux cris des perfonnes dépouillées par des
voies odieufes, & de rejetter les faits décififs dont elles fe
foumettroient de rapporter la preuve. Il faut donc de néceffité dans de pareilles circonftances en venir à la preuve
par Témoins. C'eft donc une doctrine nouvelle, une jurifprudence fuppofée que de dire qu'on ne reçoit la preuve
teftimoniale, que dans les cas d'incendie, de naufrage &
d'accidens femblables. Quoi, il me fera permis de prouver par Témoins, que mon Débiteur m'a dérobé mon argent; & il me fera défendu de prouver par Témoins, qu'il
m'a dérobé les Titres de créance que j'ai fur lui ; il fuffit
d'avancer une pareille propofition pour en fentir l'erreur &
l'abfurdité. Voilà les fauffes conféquences où conduifent
de faux principes. Je n'infifterai pas d'avantage, & je ren-
voye l'Intimé aux Titres du Digefte *Rerum amotarum &*
expilatæ hæreditatis. Il y trouvera pareillement fa condàm-

nation. J'ai donc en ma faveur les termes de la Loi, le torrent des Auteurs & la jurifprudence des Arrêts. Si donc je parviens à prouver l'exiftance du Contrat de mariage fouftrait par l'Intimé, l'on conclurra aifément qu'il ne l'a fupprimé que parcequ'il renfermoit la claufe de la réferve d'apports ; d'où il fuit par une conféquence néceffaire que la fucceffion de ma Belle-fœur me doit avenir, parceque du chef de ma femme j'en fuis l'héritier inconteftable. Je paffe aux Conclufions fubfidiaires.

Seconde Partie.

L'Intimé convient que tout Statut ne peut avoir d'effet de lui-même pour les immeubles fitués hors du reffort de l'Etat d'Empire qui l'a fait ; mais il prétend, que le Statut de Colmar ayant été confirmé par les Empereurs Rodolphe I & Adolphe, il doit avoir force de loi par tout l'Empire.

Pour répondre à l'Intimé avec folidité, je reprendrai les chofes de plus haut, & je foutiens 1.° que les Loix anciennes du Pays profcrivent les prétentions de Hug. 2.° Que les Loix qui font furvenues depuis, ne lui font pas plus favorables. 3.° Que la ville de Colmar n'a pu rendre fon Statut que local. 4.° Que les Empereurs de droit n'ont pu étendre l'effet de ce Statut au-delà de la banlieue de Colmar. 5.° Que de fait ils n'ont voulu l'étendre au-delà des limites de fon ban.

La Germanie avoit fes Loix avant que des Loix étrangeres euffent été portées dans fon fein. Auffi jaloux de leur liberté qu'avides de gloire, les Germains ne pouvoient anciennement en fupporter d'autres que les leurs. Ces Loix étoient proprement de bonnes coutumes, des ufages fenfés, qui chez eux étoient mieux fuivis que les loix ne le font ailleurs. *Plus valuere boni mores quam alibi bonæ leges.* TACITUS *de Morib. germ. Cap.* 20. Charlemagne fut le pré-

mier étranger qui leur impofa des Loix. Ces Loix font
en partie confignées dans les Capitulaires, & ont en partie
fait deux fortes de Droits coutumiers, dont l'un étoit appellé le francique ou allemanique, qui avoit lieu par toute
la Germanie fupérieure, & l'autre étoit le faxon, qui s'ob-
fervoit dans la Germanie inférieure. L'Alface étoit autre-
fois foumife aux Ducs d'Allemagne. On y fuivoit en général le Droit des Allemands. Or ces Loix qui portoient
encore le nom de **Landrecht**, avoit entre autres difpofitions
ce que vous y lifez, chap. 139. fur la maniere de fuccéder des
freres & fœurs : **und ift daʒ Gut von Vater magen darkommen,
fo erben eʒ die nähften Erben von dem Vater, ob nit Kinde da
ift. Und ift eʒ von Muter magen darkommen, fo ift eʒ daʒfelbe
Reht.** *Si les biens délaiffés par la Défunte qui n'avoit point d'enfans, viennent du côté du pere, pourlors ce font ceux du côté
paternel qui en font héritiers ; & fi les biens viennent du côté
de la mere, pourlors ce font ceux du côté maternel qui en font
héritiers.* Il y avoit donc avant les Empereurs Rodolphe &
Adolphe qui ont confirmé le Statut de Colmar, il y avoit,
dis-je, une Loi provinciale parmi les Allemands, en vertu de
laquelle le bien retournoit au côté dont il provenoit. Rodolphe, dont l'Intimé invoque le diplôme, a lui-même
exigé l'obfervance de ces Loix & Coutumes du Pays ;
c'eft ce que nous rapporte Lehmann, liv. 5, chap. 108.
Il veut, **daß alle unfere Fürften und alle die Gerichte von uns
haben, recht richten als des Landes Sitt und Gewohnheit ift.**
Il n'y avoit donc anciennement que des Statuts particuliers
qui puffent abroger cette maniere de fuccéder, établie par
le Code allemand. Si donc pourlors la ville de Colmar eût
eu un pareil Statut, il n'auroit rien pu déroger ailleurs
aux Loix provinciales & allemaniques, qui faifoient la Loi
qu'on avoit à fuivre par toute l'Alface, & que Rodolphe
vouloit lui-même qu'on fuivit. Ce Statut eut pourlors été
une exception à la règle générale ; étant contraire au Droit
commun de la Province, il devenoit privilege odieux, &
devoit par cette raifon être reftraint à la feule enceinte de

la Ville ou du moins à son ban. Il est donc déja justifié par les Loix anciennes du Pays, que ce n'est pas à l'Intimé que doivent revenir les biens-fonds situés hors du ban, que je réclame du chef de ma femme.

Si l'on consulte après cela la Loi romaine appellée le Droit écrit, on verra que je suis encore fondé en ma demande.

Le Droit Romain ou Justinien est pour l'Allemagne un Droit étranger. Après qu'il fut retrouvé, Lothaire permit aux Romains de s'en servir. Fridéric I paroît avoir été depuis le premier qui lui ait donné force de Loi, au moins pour l'Italie. Les Allemands voyant que le Droit allemannique & saxon ne décidoit pas tous les cas, tandis qu'ils se trouvoient résolus par le Droit Justinien, y eurent recours successivement non comme à une Loi reçue parmi eux, mais comme à une raison écrite dans des cas non décidés par leur Droit. Charles IV en sa Bulle d'or se servit de la Loi 5 au Code *ad Legem Juliam Majestatis*. L'Université d'Erfurth fut la premiere, peu après sa fondation arrivée en 1389, à donner des leçons publiques du Droit Justinien. Par un recès d'Empire de 1442, l'observance des Loix romaines commença à n'être pas desapprouvée. Ce n'est qu'en 1495, lorsque la Chambre impériale fut établie par Maximilien I, que le Droit Justinien paroît avoir été proposé pour lui servir de règle dans ses jugemens. Cet Empereur exigea que tous ses Asseffeurs fussent Docteurs en droit ; **der Rechten gelehrt und gewürdiget.** Or il n'est pas douteux que ce Prince n'ait exigé qu'ils se servissent du droit dans lequel ils avoient été gradués. Ses Ordonnances de 1500, 1507 & 1512 confirment ce que l'on avance. L'autorité du Droit civil s'accrut sous son Successeur Charlequint. Ferdinand & d'autres Empereurs après lui l'ont élevé à la qualité de Loi de l'Empire ; d'où il suit que le Droit Justinien devoit passer pour Droit commun en Empire, & par conséquent en Alſace, qui en faiſoit partie. Ainſi de deux choſes l'une : ou c'eſt la Loi ancienne qui nous régit, & dèslors ſuivant la Loi allemanique, je dois avoir les biens ſitués hors du ban, je l'ai démontré ; ou c'eſt la Loi romaine qui lui a été ſubſtituée qui nous régle ; & dèslors ces mêmes biens me doivent encore revenir. En effet le Droit Juſtinien donne la ſucceſſion du conjoint prédécédé à ſes héritiers les plus proches ; & ſes plus proches héritiers ſont ſes freres & ſœurs ou leurs repréſentans, à l'excluſion du conjoint ſurvivant. Le chap. 13. de la Novelle 118 le dit formellement. *Si igitur defunctus neque deſcendentes neque aſcendentes reliquerit, primos ad hæreditatem vocamus fratres & ſorores.* J'ai donc en ma faveur les Loix anciennes qui ont régi l'Alſace ; j'ai encore pour moi les Loix qui la réglent de nos jours. Après cela que penſer de l'Intimé qui allégue la Loi & ne lui obéit pas ; qui en reconnoît l'autorité & n'y plie pas ; qui dit en reſpecter les oracles & ne les ſuit pas ? Voyons cependant ſi la ſupériorité territoriale de la ville de Colmar lui eſt plus favorable, & ſi elle a pu affecter les biens ſitués hors de ſon ban.

La ſupériorité territoriale eſt une ſorte de ſouveraineté vaſſalitique. Concevez des Souverains d'un territoire de 2, 30, 100 lieues d'étendue ; jaloux entr'eux & cependant réunis pour faire des loix, & des alliances pour le bien commun ſous un même chef, leur Suzerain & repréſentant, à qui ils accordent peu de pouvoir & beaucoup d'honorifique, vous aurez à-peu-près la conſtitution de l'Empire & la nature de la ſupériorité territoriale. J'appelle cette ſupériorité territoriale un pouvoir de gouverner un Pays en toute liberté & en ſon nom, en tout ce qui n'eſt pas réglé par l'Etat dont ce Pays fait partie ; Droit vraiement ſublime & approchant de la Souveraineté. La Souveraineté jouit des régaliens ; la ſupériorité territoriale a le même avantage. Le Souverain eſt Chef dans ſon Etat ; le Supérieur territorial l'eſt dans le ſien. La dépendance à certains égards en fait la ſeule différence. Les Supérieurs territoriés dépendent tous & un chacun, à certains égards, de l'Empereur & de l'Empire, mais l'Empereur ne dépend d'aucun d'entr'eux. L'Empereur & l'Empire réunis peuvent tout ce que les Seigneurs territoriés peuvent dans leurs territoires; mais aucun d'entr'eux ne peut rien fur le territoire de l'autre. Chacun voit fon pouvoir borné par les limites de fon territoire. Les Loix que portent les Supérieurs territoriés, appellés Etats d'Empire, font renfermées dans leurs Etats. Voifins, s'ils euffent été obligés de s'y foumettre, ou de s'y conformer, ils auroient cru leur fupériorité territoriale léfée. Dans de pareilles circonftances puifées dans la vérité de l'Hiftoire & du Droit public, les Statuts ne peuvent être que locaux, & ne fervir qu'aux endroits pour lefquels ils ont été faits. Les Statuts d'une Ville impériale font donc des Loix civiles qu'elle s'eft données de fon plein pouvoir; des conftitutions qui vont auffi loin que fa puiffance, mais pas au-delà; ce font des préceptes qui lient les perfonnes, affectent les chofes, fe bornent aux limites de fa banlieue; des Réglemens particuliers que la puiffance législative a portés, qui ne font en vigueur que dans fon enceinte, & dont le pouvoir expire fur fes bornes. Je ne citerai que le Traité d'Ofnabruck, art. 8, § 4. On y lit ce qui fuit: *Rata & intacta maneant regalia, vectigalia, reditus annui, libertates, privilegia confifcandi, collectandi, & inde dependentia, aliaque jura ab Imperatore & Imperio legitime impetrata, vel longo ufu ante hos motus obtenta, poffeffa & excercita cum omnimodâ jurifdictione INTRA MUROS ET IN TERRITORIO.* Ce Traité qui fait une Loi de l'Empire, borne, comme vous voyez, tous les régaliens, toute la puiffance, toute la jurifdiction d'un Etat à l'enceinte de fes murs & aux limites de fon territoire: *intra muros & in territorio.* Or la ville de Colmar n'avoit ci-devant de fupériorité territoriale que dans fa banlieue; fon pouvoir législatif finiffoit au-delà; le Statut de cette Ville ne pouvoit donc étendre fon pouvoir par-delà fes limites; il y étoit circonfcrit; avec les bornes de fon ban finiffoit le pouvoir de fon Statut. Le Confeil a fixé notre

jurifprudence

jurifprudence fur ce point par trois Arrêts notables, le premier du 23 Septembre 1739, le fecond du 11 Juin 1743,
& le troifieme rendu contre la veuve Maffias. Ces trois
Arrêts décident que pour les immeubles fitués hors du ban,
les Us & Coutumes des lieux doivent régler les fucceffions
& partages. L'Intimé a donc tort de prétendre que le
Statut de la ville doive exercer fon empire fur les biens
fitués hors du ban ; il a d'autant plus de tort que tous les
Jurifconfultes conviennent que les Statuts font de ftricte
interprétation & ne fupportent aucune extenfion. Il eft
donc évident, que les biens-fonds que ma Belle-fœur
avoit hors de l'enceinte du ban de Colmar me doivent
avenir.

Mais, dit l'Intimé, les Arrêts que vous alléguez, ont
été rendus dans un tems où l'on n'avoit pas encore retrouvé les Diplômes des Empereurs Rodolphe & Adolphe ; le
caractere de ces Diplômes eft d'étendre l'effet de ces Statuts par tout l'Empire ; d'où il fuit que celui de Colmar
étant confirmé par deux Chefs de l'Empire, doit s'étendre
au-delà des limites du ban de cette Ville.

Ce moyen, loin d'avoir de la réalité, n'a pas même de
l'apparence. L'Empereur 1.º de droit n'a pu, 2.º de fait
n'a voulu porter l'effet de ce Statut au-delà du ban de la
ville de Colmar.

Si l'Empereur avoit un pouvoir législatif illimité, il eft
conftant qu'un Diplôme qui eût confirmé ce Statut, l'eût
étendu en Empire, & lui auroit donné force de Loi publique ; mais tel n'eft pas le pouvoir législatif des Empereurs:
les tems anciens comme les modernes m'en font garants.

Qu'on remonte à l'hiftoire ancienne de la Germanie.
Quel fut le caractere dominant de fon peuple ? Jaloux à
l'excès de fa liberté, il ne fe laiffa jamais dompter en plein.
TACITE, fon hiftorien, *de Morib. Germ. cap* 11. nous l'apprend : *Reges fi quos illi habent, authoritate magis fuadendi*

C

pollent quam jubendi poteſtate. Les Romains ne purent aſſer-vir ce peuple généreux. Battu par intervalle, il ne fut ja-mais ſubjugué. Il reſta peuple libre. Les premiers Rois de France, Allemands d'origine, s'en ſoumirent une partie, mais pas toute l'Allemagne. Charlemagne fut le ſeul qui porta ſon empire plus loin qu'aucun autre dans ces vaſtes contrées. Les Ducs de Baviere lui furent à la vérité ſou-mis; mais ils ne perdirent jamais en plein leur caractere de Souverains. Les Loix que ſes Deſcendans ont impoſées à ce peuple, furent toutes faites dans des Aſſemblées de la Nation. Les diviſions, la foibleſſe, la facilité des Em-pereurs Carlovingiens donnerent aux Grands d'Allemagne avec l'envie le moyen de ſe relever plus que jamais. Tel un reſſort comprimé ſe releve avec plus d'effort & d'élaſti-cité. Vinrent les tems de troubles & d'interrègnes. Les Empereurs rivaux pour s'attacher les Princes, les Grands, les Villes, leur accorderent des régaliens les uns après les autres. l'Empereur ne fut preſqu'à la fin qu'un Souverain de nom. Son pouvoir légiſlatif fut preſque borné à ſes propres Etats. Il ne pouvoit plus porter de loi en Empire par tout l'Empire, que de l'agrément des Diètes de l'Em-pire. Le pouvoir Impérial ainſi borné, de quel poids pou-voit être la confirmation qu'un Empereur faiſoit d'un Sta-tut? Ce Statut limité par les bornes de l'Etat qui l'avoit fait, ne pouvoit s'étendre au-delà des limites de la ſupé-riorité territoriale qui le renfermoit. Mais ce qui éclaircira mieux encore la nature & l'eſpece du pouvoir légiſlatif des Empereurs, c'eſt la conduite qu'ont tenu Otton I, dit le Grand, & Fridéric I, dit Barberouſſe, avant Rodolphe de Habsbourg, qui le premier a confirmé le Statut de la ville de Colmar.

Otton I porta peu de Loix, & les donna toutes du con-ſentement du Peuple. La première qu'on ſache qu'il ait porté, fut à la Diète de Steellé en Weſtphalie, ſur la ſuc-ceſſion des neveux avec les oncles. WITTIKIND, en ſes Annales, liv. 2, nous apprend qu'elle fut portée du confentement du Peuple, qui donna fon fuffrage & fa voix. Auffi lit-on à la fin ces paroles remarquables : *Firmatum eſt pacto fempiterno ;* ce qui prouve que l'Empereur convint de cette Loi avec le Peuple, qu'il en fit un pacte, une forte de convention avec lui.

Conringius, dans fon Origine du Droit germanique, chap. 18 , nous rapporte encore deux Loix d'Otton le Grand, tirées des manufcrits de Mayence ; elles concernent le rapt & l'oppreffion des Veuves. Il y eft encore dit, que ces Loix furent portées du confentement des Evêques, des Comtes & du Peuple fidèle.

Fridéric Barberouffe fit auffi des Loix. Les plus célèbres font celles qu'il porta à Nuremberg en une affemblée des Princes, des Grands & des Députés de l'Empire lors de fes préparatifs pour l'expédition de la Terre fainte en 1187. Or ces Loix ont été portées de leur confentement ; elles portent avec elles la preuve de ce fait ; car on y lit à la fin : *Actum Nuremberc in præfentia Principum, confilio & confenfu eorum, anno incarnationis 1187. 3 Kaleudis Januarii.*

Or fi tel fut le pouvoir législatif de ces fiècles ; fi ces deux grands Empereurs, dont les vertus tant civiles que militaires furpaffoient l'éclat de leur couronne ; qui fucceffivement & avec une égale grandeur & équité prenoient l'épée des combats & la balance de la Juftice ; fi Otton & Fridéric, dont l'art de gouverner & les brillants exploits ont éternifé la gloire, n'ont ofé porter des Loix que du confentement des Grands & du Peuple, croirez-vous que Rodolphe de Habsbourg, qui à la vérité fortoit d'une Maifon illuftre par fes Ancêtres, mais qui n'étoit pas encore bien puiffante au fortir de l'interrègne & des troubles qui n'avoient pas encore pu être appaifés ; croirez-vous que d'autres Empereurs qui lui étoient bien inférieurs en pouvoir, en génie, en authorité, auront ofé fuivre d'autres voies ? Non ; l'Allemagne, libre dans le choix de fon Chef, voulut également être libre dans le choix de ſes Loix. Ce fut là le principe de ſa conduite ancienne ; c'eſt là le principe des capitulations de nos jours.

Repaſſons ſur les ſiècles qui ont ſuivi Rodolphe & Adolphe. Dans le Code des Loix que donna Fridéric II, vous remarquerez encore qu'il fallut le conſentement des Grands & du Peuple. Voici comment elles s'énoncent : Die Recht ſaßt und beſtat der ander Kaiſer Friderich mit der Fürſten Rath und mit andern groſſen Herren und Wyſſen zu dem groſſen Hofe zu Mauganze. Diß geſchah von unſers Herren Chriſti Gepurd zwelif hundert und ſechs und dryſſig Jare zu Sant Marien im dritten Augſte. L'on voit qu'il falloit, pour que ces conſtitutions euſſent force de Loi, qu'elles euſſent l'acceſſion des Grands, des Princes & des gens éclairés du Peuple.

Albert I donna auſſi des Loix, mais c'eſt également avec l'aſſiſtance, le conſeil & le conſentement des Grands & du Peuple fidèle : Wir gepieten des erſten und ſetzen pey des Reichs Hulden mit der Fürſten Ratt und andern des Reichs Holden und Getreuwen.

Louis de Baviere, cinquieme du nom, porte en 1223 des Loix à Nuremberg, & c'eſt encore de l'aſſiſtance & du conſentement du Peuple & des Grands. SCHILTER & GOLDART nous l'atteſtent. Cette prérogative du Peuple & des Grands d'Allemagne donna lieu à cette expreſſion emphatique de Maximilien I & de Charlequint, qu'en Allemagne ils commandoient à un Peuple de rois.

Dans des tems poſtérieurs, le pouvoir légiſlatif des Empereurs ne fut-il pas encore borné par les Traités de paix & par leurs capitulations ; ils ne pouvoient faire aucune Loi ſans l'acceſſion des Etats d'Empire. Les Capitulations depuis Charlequint en ſont une preuve convaincante. Or ſi telle fut, ſi telle eſt encore la maniere de porter des Loix en Empire, ne s'en ſuit-il pas que les

Empéreurs de droit ne pouvoient les étendre d'un territoire à l'autre, ni les impofer à ces territoires fans l'agrément des Etats.

Commençons par Charlequint : ne fut-il pas obligé d'affirmer qu'il laifferoit chaque Etat dans la poffeffion de fes régaliens & dans la jouiffance de fes Loix ? Einen jeden Herren und Stand bey ihren Hoheiten, Würden, Rechten, Macht, Gewalt, ꝛc. bleiben laffen. *Sleidan liv.1. §2.*

Charles VI promet auffi de maintenir les Etats dans leurs Droits & Privileges : Sollen folche Land und Güter bey ihren Privilegien, Recht und Gerechtigkeiten gelaffen, gefchützet und befchirmet werden. *Capitulation de Charles VI, art. 11.*

Charles VII affirme & promet pareillement de ne point permettre que, par qui que ce foit, il foit porté atteinte aux affaires de politique & de juftice des Etats dans l'étendue de leurs territoires ; qu'il les maintiendroit dans leurs privileges &c. fans accorder aucun privilege à ce contraire. *Capitulation de Charles VII, art. 8 & 9.*

Enfin que peut-on rapporter de plus fort que ce que Ferdinand II répondit aux Députés du Cercle de Franconie, le 28 Août 1629 ? Es erinnere fich ihre Kayferliche Majeftät, daß in denjenigen Sachen, da man neue Gefetze und Conftitutiones auffetzen wolle, dem im Reich Herkommen nach, folches auf gemeinen Reichs-Verfammlungen conftituirt werden folle. *Vitri. illuft.*

Que faut-il en conclurre? Que de droit ni Rodolphe ni Adolphe n'ont pu porter le Statut de Colmar hors de fon enceinte ; ni lui donner force de loi au-delà fans l'acceffion des Etats voifins. Cette acceffion n'a été ni demandée ni concédée ; d'où il fuit que ce Statut ne peut avoir force de loi hors de la banlieue de cette Ville.

Mais pourquoi différer de faire ufage du moyen le plus victorieux, puifé du fait même des Empereurs Rodolphe & Adolphe ? Pourquoi démolir en détail quand on peut renverfer d'un coup. Je foutiens que de fait ces deux Empereurs n'ont pas étendu le pouvoir du Statut de Colmar ſur les Etats voiſins ; qu'ils ont au contraire borné ce Statut à la banlieue de cette Ville. Pour en convaincre, il ne faut que lire les Diplômes confirmatifs du Statut.

Le premier eſt celui de Rodolphe ; il eſt de 1278 & date de Vienne. Comment s'énonce-t-il ? Il ne parle au commencement que de la Ville & de ſa banlieue. **Swer, y eſt-il dit, in der Statt und in dem Banne ze Colmer.** Le paſſage le plus eſſentiel eſt celui qui parle de la ſucceſſion des Conjoints. Or ce paſſage porte, que dans la ville de Colmar chaque femme doit hériter ſon mari, & que chaque mari doit hériter ſa femme. Voici l'expreſſion allemande : **In der Statt ze Colmer ſoll eine jegliche Frauwe ir elichen Man erben und der Man ſin eliche Husfrauwen.** Ce n'eſt donc que dans la Ville & ſa banlieue au plus qu'un mari héritera ſa femme & que la femme héritera ſon mari. **In der Statt ze Colmer.** Il n'y eſt pas dit : **nach den Rechten der Statt, in und auſſer der Statt ;** mais il y eſt dit : **in der Statt ;** dans la Ville. Ainſi l'Empereur n'a pas prétendu étendre le Statut au-delà du ban de Colmar & lui donner force de loi hors de ſa Juriſdiction : mais que dis-je étendre ! il ne fait que confirmer le Statut ; il ne lui donne de force & d'autorité que dans la Ville & ſon territoire au plus. S'il eût voulu que ſon pouvoir s'étendit plus loin, il l'auroit énoncé. Si donc de droit commun les Statuts doivent être interprêtés ſtrictement, & ne pas s'étendre au-delà de leur expreſſion, à plus forte raiſon doivent-ils être bornés quand l'énonciation du Statut & du Diplôme lui donne des bornes. Or quelles ſont ces bornes ? **die Statt ; in der Statt ze Colmer ;** la ville de Colmar. **Daß dieſe,** dit l'Empereur à la fin de ſon Diplôme, **daß dieſe Dine immer ſtete blieben, ſo han wir dieſen Brief herrzen verinnſigeln.** Rodolphe ne fait donc que confirmer ce Statut & ne l'étend pas.

Dites-en autant du Diplôme de l'Empereur Adolphe ; il commence de même par **ſwer in der Statt und in dem Banne ze Colmer.** Pour ce qui eſt de la ſucceſſion de mari

& femme, il la borne également à la ville de Colmar. Les termes font trop précieux pour ne pas être rapportés en leur entier ; voici comment ils font conçus : **Jn der Statt ze Colmer soll ein jeglich Frowe irn elichen Mann erben, und der Mann sin eliche Husfrowe.** Cette fucceſſion des Conjoints n'a donc lieu que dans la ville ou banlieue au plus : **in der Statt ze Colmer.** Enfin ce Diplôme n'eſt que confirmatif ; il n'étend pas le Statut au-delà du territoire de la Ville. L'Empereur ne dit autre chofe finon que **fo hieſſen wir ſchrieben und mit unſerm küniclichem Jnſigele beſiegeln.** Tout homme non prévenu pour l'une ou l'autre partie conteſtante, que penfera-t-il ? que conclurra-t-il ? Que peut-il penfer & conclurre ? Rien autre chofe finon que le Statut de Colmar n'a de fait & par la volonté des deux Empereurs qui le confirment, de pouvoir & d'effet que dans la ville de Colmar & fon territoire au plus. Ce dernier moyen reçoit plus de force encore, fi l'on fait attention que Rodolphe vouloit lui-même que l'on fuivit les Loix générales du pays qu'on habite. Il eſt donc démontré que les biens fitués hors du ban, & délaiſſés par la Défunte, me doivent avenir du chef de ma femme.

Qu'eſt-ce donc qui pourroit empêcher que je ne fois admis à la preuve de la fouſtraction du Contrat de mariage que l'Intimé a paſſé avec ma Belle-fœur. Sont-ce les Loix ? Mais j'ai fait voir qu'elles font toutes en ma faveur. Seroit-ce l'Ordonnance ? Mais les Auteurs les plus accrédités qui en ont médité l'efprit & pénétré le fens d'après les Arrêts des Cours Souveraines, difent tous que dans les cas pareils à celui de l'Inſtance je puis être admis à la preuve teſtimoniale.

Je réclame fubfidiairement les biens fitués hors du ban. J'ai pour moi les Loix anciennes & modernes. La fupériorité territoriale ne peut y porter obſtacle. Les Empereurs Rodolphe & Adolphe n'ont pu ni voulu étendre le pouvoir législatif de Colmar au-delà de fon ban ; ni faire du Statut de cette Ville une Loi publique de l'Empire, &

le Tribunal éclairé qui nous jugera, a toujours fait enfui-
vre ces fortes de biens aux héritiers les plus proches.

En vertu de quel titre l'Intimé prétend-il donc à la fucceffion de fa femme, fi comme on a vu, les Loix, les
Ordonnances, les Auteurs tout lui eft contraire? Eft-ce
pour l'avoir aimé ? S'il l'avoit fait, c'eût été fon devoir.
Mais, grand Dieu, quel amour que celui d'un perfide!
eh, Hug! qu'euffiez-vous fait, fi vous l'aviez haïe? Pourquoi cette expreffion d'amour fur vos lèvres, quand votre
cœur ne convoitoit que fes biens & ne pouvoit la voir
affez tôt décédée pour les poffeder. C'eft pour l'en priver
au bout d'un an que vous vous êtes mille fois jetté lache-
ment à fes pieds. La patience eft à bout, lorfque vous
ofez traveftir en amour le fentiment criminel qui vous
dominoit. Les obftacles qu'on vous oppofoit, ne purent vous
arrêter. La crainte des difcours publics ne purent vous rete-
nir. La rifée du peuple, fes cenfures, fes chanfons fatyri-
ques même, ne purent vous effrayer. L'amour de la fortune fut votre unique but & votre bouffole. Pauvre, vous
ne vouliez vous enrichir que de fes biens. Intriguant,
vous lui perfuadiez une tendreffe que vous ne fentiez pas
pour elle. Ambitieux, fes facultés devoient vous fervir
d'échelons pour vous élever au-deffus de votre état. Comme
l'ambition ofe tout, des projets criminels vous paffates au
crime. Au fein du plaifir, de deffein prémédité, quelle
horreur! vous creufiez le tombeau à votre époufe. Le trait
de l'amour étoit celui de la haine; puifque de la fource de
vie, vous faifiez, de propos délibéré, la caufe de fa mort.
En un autre c'eût été une barbarie revoltante; en vous
c'eft . . . . je ne fais quel nom donner à votre crime. Le
cœur humain a jufqu'ici ignoré de pareils excès. C'eft à
nos jours, c'eft à notre Ville qu'un fcandale femblable étoit
réfervé. Manes d'une fœur chérie que la fupercherie a
conduit aux pieds des autels; qu'une feinte amitié pire que
la haine a précipité dans la foffe, la fordide cupidité qui
vous arracha la vie, dépouille encore vos proches de vos
biens.

biens. Auffi chere à notre cœur de votre vivant , que
chere à notre fouvenir après votre décès, vous avez fait
pour nous tout ce qu'une tendre amitié pouvoit nous faire
efpérer. Les biens de pere & mere que la loi de la nature
nous donnoit; que votre conftante volonté nous deftinoit,
ont paffé en d'autres mains. C'eft un étranger, c'eft votre
ennemi d'autant plus cruel qu'il prit les dehors de l'amour
le plus paffionné, qui les poffède. Bas flatteur de votre
vivant il méprife après votre décès vos volontés les plus
facrées. Il déchire l'écrit fatal qui le rendoit à fon premier
état, dont il ne méritoit jamais de fortir. Il en gratifie
une feconde époufe & fait paffer votre bien à des defcen-
dans qui vous méconnoiffent. Il enleve à votre fœur ,
votre unique héritiere, par un double crime, avec votre
vie , vos vignes, vos guérets & vos fonds pour en engraif-
fer des inconnus. Vos épargnes deviennent la proie de
fon infatiable cupidité. Les terres de vos peres , arrofées
de leurs fueurs, ne font fertiles que pour remplir les gre-
niers & les caves d'une génération étrangere. Les reve-
nus de leurs héritages , les épargnes de leur économie,
les fruits de leurs travaux font la matiere de leur profufion.
La fourberie la plus infigne a guidé fes pas dans le tems
qu'il recherchoit votre main. Lié par les liens les plus
refpectables, il penfoit à vous donner la mort par où les
autres donnent la vie. Hélas il n'y a que trop bien réuffi!
Une conduite auffi noire mérite-t-elle vos biens pour ré-
compenfe? peut-on fuppofer avec quelqu'ombre de vrai-
femblance que vous ayez pu en gratifier votre plus cruel
ennemi ? Tendres époux! tendres époufes! qu'une amitié
auffi vive que fincere lie des nœuds les plus doux, déteftez, déteftez avec moi une ame & une conduite auffi noire!
Que l'Arrêt qui interviendra frappe le perfide! qu'il comble
les vœux de toute ame honnête! Que dans le tems qu'il
fixera pour toujours notre Jurifprudence, il conferve le
fouvenir d'un amant fourbe & d'un mari traitre! Que l'on
voie qu'une Cour Souveraine a vengé le crime d'une couche

nuptiale ! Que cet Arrêt devienne pour moi le titre le plus précieux de la fucceffion de la Défunte & le monument public de la Juftice & de la vertu, qui guident les Juges éclairés de cette Inftance !   *Signé* MATHIEU.

Monfieur QUEFFEMME,
Confeiller Rapporteur.

Me. STEFFAN, *Avocat.*

Me. SCHIRMER le jeune, *Procureur.*

PIECES JUSTIFICATIVES.

Du 13 *Janvier* 1777.

Nous fouffigné, Docteur en Médecine, Médecin du Roi
& de l'Hôpital royal & militaire de Colmar, Phyficien de
la même Ville, & Démonftrateur d'Anatomie de la Province d'Alface, certifions à tous ceux qu'il appartiendra,
que j'ai été requis le Mécredi 31 Décembre 1777, à deux
heures du matin, par le Sr. Mathias Hug, Bourgeois &
Cordonnier de Colmar, de venir voir fa Femme Anne-Marie
Fiefs, âgée d'environ trente-neuf ans, & qui depuis qua-
rante-huit heures était dans les douleurs d'enfantement fans
pouvoir accoucher. Voulant m'affurer des caufes capables
de retarder fon accouchement, j'obfervai d'abord qu'elle
était d'une très-petite ftature, ayant tout au plus quatre
pieds de hauteur, contrefaite par le bas du tronc, & ayant
l'épaule gauche plus élevée que la droite. En pouffant mes
perquifitions plus loin, je remarquai par l'attouchement
une conformation vicieufe & une anguftie ou étroiteffe
extrême de la cavité du baffin, jointe à une perverfion
dans la fituation des vertèbres lombaires & de l'os facrum
qui fe portait à gauche, & par-là ramenait l'os innominé
droit en dedans, de maniere à rapprocher les branches
des os ifchiums & des os pubis, au point à ne permettre
qu'avec la plus grande difficulté l'introduction de la main
dans la matrice. Cette ftructure vicieufe du baffin prove-

nait du rachitis dont elle fut atteinte pendant fon enfance. D'après l'exploration dont je viens de faire le détail, je m'affurai de l'impoffibilité abfolue où fe trouvait ladite Anne-Marie Fiefs d'accoucher par les voyes naturelles, & je ne trouvai dans cette trifte circonftance d'autre moyen pour la délivrer que l'opération céfarienne ou la fection de la fymphife des os pubis, mais l'extrême épuifement où était cette pauvre Femme & l'exceffive douleur qu'elle difait reffentir dans la partie latérale droite & inférieure de la matrice, depuis l'inftant où la Sage-femme avait tenté d'y introduire forcement fa main, & qui me firent foup-çonner quelques déchiremens dans cette partie, ne me permirent pas d'employer aucuns de ces moyens. Après lui avoir fait adminiftrer les Sacremens, & lui avoir con-feillé un peu de repos, je me propofai vers les onze heures du matin d'employer une branche du forceps pour dégager la tête de l'Enfant qui portait obliquement fur l'os ifchium gauche, d'ouvrir enfuite le crâne, de vuider de la fub-ftance cérébrale tout ce qui ferait acceffible par ce doigt, afin de réduire la tête au plus petit volume poffible & d'en faciliter par-là l'extraction ; mais une mort foudaine, arri-vée au moment où on voulait la fituer convenablement, ne permit pas d'exécuter ce deffein. Dès qu'elle fut ex-pirée, on lui tira par la fection céfarienne un très-gros Enfant livide & couvert de quantité de phlyftènes & dont l'épiderme fe détachait par lambeaux ; toute la partie latérale gauche du crâne était déprimée au point que l'œil gauche forjettait entierement hors de l'orbite ; ce qui me fit juger que l'Enfant était déja mort depuis quelques jours. En foi de quoi & fur l'inftante requifition de Dlle. Marie-

Elifabethe Fiefs, fœur de la défunte & époufe du Sieur Jean-George Mathieu, Officier de la Chancellerie près du Confeil Souverain d'Alface, nous avons donné le préfent Certificat, muni de notre cachet ordinaire, comme un témoignage de l'impoffibilité abfolue, où fe trouvait ladite Anne-Marie Fiefs, d'accoucher par les voyes naturelles & ordinaires. FAIT à Colmar ce 13 Janvier 1777. *Signé* MOREL, M. Dr. (L. S.)

Du 13 *Janvier* 1778.

JE fouffigné Chirurgien examiné & approuvé, certifie à la Requête de Marie-Elifabethe Fiefs, femme du Sr. Mathieu, Officier en la Chancellerie près le Confeil, & fœur de feue Anne-Marie Fiefs, en fon vivant femme de Mathias Hug, Bourgeois-Cordonnier, que le 29 Décembre après midi, environ à trois heures & demie j'ai été appellé auprès de ladite Anne-Marie Fiefs, pour dans fes douleurs d'enfantement lui faire une faignée, que j'ai faite & que j'ai trouvé néceffaire d'appeller auffi le Médecin ; mais qu'ayant demandé à la Sage-femme, quelle eft la fituation de l'enfant, elle m'a dit qu'elle eft très-bien, & quoique je ne l'ai pas touchée, j'ai néanmoins vu, qu'il eft impoffible qu'elle accouche, parceque la perfonne étoit d'une trop petite ftature & hors d'état ; que le 31 Décembre à trois heures du matin, je lui ai de rechef fait une faignée par ordre de Mr. Morel, Médecin, dans la même perfuafion, qu'elle n'eft pas en état de mettre l'enfant au monde, que le même jour de suite après midi, comme elle étoit morte, on m'a encore appellé pour tirer l'enfant d'elle par la fection, pour qu'il reçoive le Sacrement du Baptême, ce que j'ai fait, mais le pauvre enfant n'a pas eu le Baptême; car j'ai trouvé fur lui quelques phlegmons inflammatoires comme auffi un œil confidérablement déprimé, au point qu'il forjettoit hors de l'orbite, ce qui m'a fait croire que l'enfant étoit mort déja depuis quelques jours; enfuite de quoi j'ai vu, qu'il a été impoffible que l'enfant vienne au monde par les voyes naturelles, parceque j'ai trouvé que le baffin ou l'ouverture a été trop petite, qui d'ailleurs a été entierement pervertie & tortue. Colmar le 13 Janvier 1778. *Signé* STAMM, avec paraphe.

Traduit fur l'Original allemand, figné & paraphé par le fouffigné l'un des Avocats Secrétaires Interprètes au Confeil Souverain d'Alface, en leur Bureau, à Colmar le 17 Janvier 1778. Signé BRUEDER, avec paraphe.

A COLMAR,

De l'Imprimerie de JEAN-HENRI DECKER, Imprimeur du Roi & de Noffeigneurs du Confeil Souverain d'Alface. 1783.